SOMBRAS OBLICUAS

Ojo de Pez, 115

Pilar Rodríguez Jiménez

SOMBRAS OBLICUAS

B BIBLIOTECA DE AUTORES MANCHEGOS
DIPUTACION DE CIUDAD REAL

Primera edición: 2026

© Pilar Rodríguez Jiménez
© Diputación Provincial de Ciudad Real

Edita: Servicio de Cultura. Diputación Provincial
Biblioteca de Autores Manchegos
Plaza de la Constitución, 1
13001 Ciudad Real
Tel.: 926 29 25 75
Web: www.dipucr.es

Diseño gráfico de colección: Miguel López Vázquez/BAM
Imagen de portada: Roselino López

Coordinación editorial: Jesús Reviejo
Colección Literaria *Ojo de Pez*, número 115

Impresión: Producciones MIC, S.L.
ISBN: 978-84-7789-431-5
Depósito Legal: CR-1131-2025

Impreso en España

A mi madre

A los que aman la poesía
como redentora de la belleza del lenguaje.

PRÓLOGO

Para acercarse a la poesía hay que tener porosa el alma y en alerta los sentidos, hay que traspasar las barreras de lo previsible, embarcarse en un mundo de nuevas sensaciones. De esta manera, podremos asomarnos al libro de Pilar Rodríguez, que es valiente por sincero. Una confesión alejada de la ortodoxia y la religiosidad. Más cerca de la desnudez y de la pureza. Visita lo escondido y se aleja de la exhibición. Transita por senderos y vericuetos que solo ella conoce.

Asistimos al espectáculo de la palabra revelada, reveladora. La palabra que desvela y que esconde al tiempo. Que señala con certeza, con emoción. Que brota como un torrente o que se refrena, con esfuerzo, bajo la brida firme de quien escribe.

Palabra selecta, como de orfebre, que ajusta la filigrana al contorno preciso de las dimensiones exactas del trabajo. Palabras que no se arredran ante la naturaleza del vocabulario. Ya sea de naturaleza óptica: iris, retina, pupila… De la órbita textil: velo, cintas, festón, vestido, popelín, pasamanos, hilvanes, cordones, solapa, picunela… Del universo animal: zorzal, caimán, alondra, gavilán, larvas, hipsípila, crisálida, zánganos, golondrinas, colibrí… Una nómina abultada de musas y deidades griegas, egipcias, hindúes: Spes, Vishnus, Talía, Euterpe, Anubis, Qadesh, Aglaya, Sibila, Ezis, Anubis… Y, así, podríamos continuar desentrañando diferentes mundos que se nos ofrecen en *Sombras oblicuas*: el de las plantas, el de la arquitectura, el de las figuras geométricas, el de los colores, el de las piedras preciosas…

La poesía que hacemos es, también, la que leemos, la que nos ha dejado una marca, una huella en la poesía propia. Pilar Rodríguez tiene un mundo completo armado con lecturas de poesía que le han dejado huellas inequívocas, fabulosas, maceradas en su enorme cultura, en su competente sensibilidad. Huellas que, en su caso, se resuelven en homenajes como el que hace a la plata lorquiana, al "polisón de nardos", que aquí se ha convertido en "polisón de oro". Homenaje a la poesía del siglo XVI (Siglo de Oro), con "Ojos claros, serenos" de Gutierre de Cetina, en el verso: "Si me miráis, miradme al menos". Homenaje al soneto XXIII de Garcilaso: "…por no hacer mudanza en su costumbre". Un homenaje lícito a Leonard Cohen, a su verso: "Al final me ofrecisteis el dogma que me enseñasteis", que transmuta en: "Soy la esencia que me enseñasteis". O el uso de la hipérbole hernandiana: "Tanto dolor se agrupa en mi costado". Y aunque el poeta dijera: "Es una tarde cenicienta y mustia", que la tarde sea "cenicienta y triste", nos basta, porque lleva el aval de Machado. Un homenaje a la oración de renuncia a Satanás en: "Renuncio a mis pompas y a mis obras", o a Rubén Darío: " la hipsípila deja la crisálida", hasta san Juan de la Cruz: "con ansias en amores inflamada".

Por supuesto que en la poesía de Pilar Rodríguez aparece y se trata el tema del paso del tiempo, furtivo y veloz en este caso, constante en la poética de la autora. El tiempo irrefrenable que nos descubre un paso inexorable, inapelable, creando sedimentos de ilusiones, almacenes de sueños con diversos grados de cumplimiento, escombreras de deseos, ya viejos en cuanto los rozamos:

"Se pasó la vida, / se empezó a carcomer / desde la infancia, / desde el ruido sonoro / de los primeros pasos,…".

"Aquel jardín sediento de alegría / se difuminó lentamente,…".

Otra cuestión es el amor, tema muy presente en *Sombras oblicuas*, visto, y tratado, como tormento y agonía:

"…para que pueda ver la cara oculta / de esa luz ausente que me hiere mientras mira".

"¿O acaso desapareciste hace tiempo / y ya no queda nada más que un olor / rezumado de violetas en guardia / para no desfilar a tus aposentos?".

El tiempo y el amor tratados desde una mirada estoica. Entender este desafío requiere ganar una libertad interior, una independencia moral, huir de la opinión general y trascender la vinculación de la persona respecto a su parte biológica. La serena aceptación, que no significa débil asentimiento, es parte importantísima de este singular estoicismo:

"Pero prefiero vivir con mis sombras, / a pasearme / por un sueño mal iluminado".

"Al fin he comprendido / que no hay dolor que más me sane / que cumplir cada disparate / después de tus adioses".

Pero también el amor asociado a la naturaleza para trasmitirnos su experiencia desnuda e íntima:

"Tú espérame junto al helecho / enrarecido. En ese hueco hosco / y caprichoso que nos acogía / en las noches oscuras".

"Traspásame tu esencia de lavanda, / y yo tejeré un vergel de madreselvas infinito para ti".

Incluso el amor, tratado como un hecho cotidiano que se desenvuelve y desarrolla en actos del día a día, permite encontrar el misterio y la belleza en lo ordinario.

Este enfoque otorga un nuevo significado a lo tangible, convierte la experiencia en epifanía y genera una conexión empática entre la autora y el lector:

> "Dame tus canicas, tus relojes, tu calendario/ y tus cromos. / A cambio, yo te doy mis naipes, mis horarios, / mis citas y mis billetes".

> "Si te vas, déjame tus abrazos / sobre la cama de mi insomnio".

Casi siempre, el amor se descifra en soledad. Esto permite la liberación de las propias penas y la comprensión del amor, justamente por el desamparo que deja:

> "Para este viaje me sobran los abrazos, / porque no pienso volver a ellos. / Me sobran para este viaje / tus sueños y mis fracasos, / mis dudas y tus afirmaciones".

La circunstancia de lo íntimo se solventa en una palabra que se sitúa entre la ternura y la crudeza, entre el anhelo del amor y la consternación por sus heridas. Lo íntimo aparece como la irrupción de algo propio, pero a la vez desconocido; como lo que nunca podemos llegar a conocer completamente aunque sabemos bien de su presencia:

> "Os necesito para curar mi orgullo, / para devolverme a mí misma la osadía, / el desenfreno, el coraje, la disipación".

Quiero resaltar algo singular de la segunda parte del libro, *Delirium*, los títulos de los poemas en español, también están en latín, son una suerte de geografía sentimental que orbita en torno al universo amoroso. Como un viacrucis amatorio, se desgranan las diferentes estaciones: deseo, obsesión, locura, renuncia, vanidad, dolor, entrega, etc. Toda una confesión de cómo aborda el amor, de cómo lo concibe, incluso cómo lo desarrolla y cómo lo afronta.

Un mundo onírico y perverso, sentido y refutado, de temas múltiples y suculentos, acompañado de un léxico excepcional.

Lanzo una invitación sin reparos a la lectura del libro, porque el goce y disfrute del mismo están asegurados.

PABLO RAMÍREZ PERONA
Escritor

PREFACIO

¡Oh, poesía, tú ensalzas los cielos derruidos por la
mezquindad humana y alientas con tus alas
el silbido oscuro del náufrago!

Resulta casi mágico que alguien se acerque al
mundo de las palabras en estos tiempos en los que la
imagen y el teclado acaparan los sentidos.

Pero subir a una nave que te conduzca por los
pasillos de las emociones, del silencio, de los signifi-
cantes, de las melodías, de las rimas, de las metáforas,
de las evocaciones... es descubrir una fantasía insólita
para el alma y la inteligencia.

Cuántas palabras olvidadas en un diccionario del
que apenas salen de sus rincones porque nadie las
pronuncia o porque nadie las lee; deseosas de ser
descubiertas por un hada misteriosa que las envuel-
va en esa gasa de consuelo para alegrar el mundo;
animadas por un duende a regalar felicidad, belleza,
alegría, éxtasis, embeleso, dulce dolor o rabia conte-
nida; estrellas luminosas de nuestra vida redentora, de
nuestros pesares y conocimientos, de nuestro halo de
perfume somnoliento o de nuestra terrible condición
humana embriagada en el devenir diario.

Las palabras son nuestro escudo y nuestro sueño más
querido. Son nuestro hálito, nuestras señas de identidad
ante el anonimato, nuestro estandarte para combatir
la adversidad y derrotar al infortunio. Un cargamento
dorado para intervenir en cualquier teatro del mundo.

El poder de las palabras es tan sutil, tan embria-
gador, tan estrictamente severo con el estruendo de

la pluma que poco podemos hacer cuando corre de manera implacable sobre el papel que lo alimenta.

Y esos milagros de la estética oral y escrita intentan transmitir la congoja de una búsqueda imperiosa y zozobrante en *Poemas sin pespunte*, así como en los espasmos visionarios de *Delirium*.

Hay recuerdos furtivos y hay fantasía descubierta. Hay soplos que acarician la angustia e instantes que marcan un retorno al infinito. Sería difícil aclarar qué se antepone a qué espacio de valles marcados por el viento o de risas macabras de misterio. La sinfonía es aguda y quebradiza cuando la amparan las palabras y los acentos, las comas y los puntos, la ortografía y la retórica.

¿Cómo distinguir la verdad silenciosa de la ficción amparada? ¿Cómo traducir con sonatina de soberano el eclipse que se desprende de sus sombras? El poder de las palabras nos atrapa en una incierta traducción, pero no podemos empeñarnos en leer a ritmo de naipes ni de cartillas infantiles; hay que dejar volar la imaginación para no chocar con espejismos indeseados y volátiles; hay que saber adentrarse en la comisura de cada palabra para aspirar sus pliegues y recorrer sus dibujos, para acariciar el contenido sepultado en cada una de ellas.

Solo siendo fiel a los espacios que lo conforman, podremos profundizar en la sinfonía sólida de su mensaje, de sus cuentos, de sus llagas, de sus tropiezos, de sus luces y sus sombras.

Poemas sin pespunte y *Delirium* son un atropellado parpadeo de sensaciones, tragedia y drama, agonía y delicado palpitar, oscuras sombras entretejidas ante la búsqueda de lo imposible mediante la evocación de sentimientos íntimos, que solo desde la locura y el amor a las palabras se puede comprender.

La poesía es un laberinto inexpugnable que soterra los más prístinos deseos de la pluma. Hay que acariciarlos con delicadeza y elegancia, porque son el estandarte de nuestra sensibilidad y de nuestro ingenio, así como el bálsamo invisible que cura casi todas las adversidades de nuestra estancia terrenal.

PILAR RODRÍGUEZ JIMÉNEZ

.

I PARTE

POEMAS SIN PESPUNTES

> "Las Horas van febriles, y en los ángulos
> abortan rubios siglos de ventura.
> ¡Quién tira tanto el hilo;
> quién descuelga sin piedad nuestros nervios,
> cordeles ya gastados, a la tumba!".

César Vallejo

¿EN QUÉ PIENSAS?

¿MIENTRAS miras el reloj de la vida?
¿Mientras suicidas algún sueño insensato?
¿Mientras palías el dolor de tu iris?
¿Mientras paseas por la alfombra del hastío?
¿Mientras descubres el fulgor de alguna estrella?
Solo en amatistas verdes
que pierden el color mientras las piensas.

AMIGOS CON CAIRELES

¿QUÉ tipo de adornos gastan mis amigos,
de cordones, flecos y flequillos,
que cuando pasan a mi lado
surcan la piel cual remolinos locos?

¿Qué ornamentos confieren
a mi retiro letal
que levantan criptas embrujadas
de cariño y homenaje?

¿Con qué sutiles atavíos arropan mi furor
que consigo despertar sin manchas ni borrones
y respirar aromas mañaneros
por cada constreñido poro?

Son amigos con caireles,
con bordes demacrados de pobreza,
pero que insuflan vida y alegría,
amor y complacencia,
que rinden consuelo sin fisuras,
que riegan sin bagajes
las tortuosas espirales de mi alma
y expanden amor y osadía sin fisuras.

DISPARATES

NO vulnerar abiertamente tus reproches,
aclimatarme en la oscura
y resbaladiza lágrima de tu recuerdo,
arrojar mariposas sin orgullo,
acariciar la tarde que te hostiga,
deambular por la piel de tu madrugada,
descender torpemente a la vehemencia,
creer que existes solo en las noches ocres,
descender a la otra orilla sin tu canto.

MOMENTOS

SALTANDO en el marfil de tu mirada,
entre las burbujas del ajado terciopelo,
mientras me inclino en tu presencia.
Diminutas chispas me embargan
en las comisuras de tu rostro.
Mil jirones de velo me atrapan.
No comprendo al iris distraído,
justo en el momento en que te alejas.
Quizá la existencia de flores disfrazadas
oculten este sueño roto
que desasosiega el instante
en que te miro.

GRITOS

SOLO al atardecer
siento el desgarro de la vida.
Solo en el imán ajado del cardo
siento tanto pesar.
Solo entre la estepa corrosiva
me acerco a ti despacio.
Pero no hay grito que describa
con más angustia,
la estela ensombrecida de tu adiós.

MI ROSTRO

DIBÚJAME de tal manera
que no parezca que soy yo,
que solo la ilusión me reconozca
y cuando llegue la brisa áurea
encuentre un pálpito macabro
en lugar de mi rostro carcomido.

TORTURA

EL trasparente aguijón
ya se ha clavado.

Envidio el mar que se desnuda solo,
que se levanta solo en la distancia
aérea, recordando únicamente
el sabor de la sal que ha rechazado,
buscando en el viento vertical
profundidades huecas
y cadenas de peces solitarios.

El trasparente aguijón hiere
a la luna.

Mientras el mar deambula erguido,
sobre el límite del hado,
me he poblado de lágrimas azules
sobre el alba,
como tejas redondas,
como gotas, taponando
los rincones de la esperanza.
Me he cuajado de arrugas silenciosas,
en una casa sin nadie y para nada,
como tierra que el tiempo cuarteara
desdoblándome en raíces
por el mundo de la soledad,
aplastada por el viento de la noche.

El trasparente aguijón
afina el eco de la muerte.

La plata se me acopla
a un cuero cabelludo de silencios
arropados de pensamientos fríos de guirnaldas,
de secretos sentimientos malheridos.
¡Mirad viejos senderos
cómo llora el camino
destrozado entre los dedos!
¡Miradme sombras errantes,
recuerdos nómadas de mis propias sombras!
¡Miradme columnas altas,
desgarradoras boas
que me estáis mordiendo las alas!
¡Miradme caminos ciegos,
que veis donde no he llegado,
mientras llorando llego!

VIAJE

PASEÉ por los enredos de tu cuerpo.
Hoy vivo a la luz de todos los misterios
escondidos.

SOMBRA

¿QUIÉN es esta sombra
que aterriza limpiamente
en mi cuerpo?
Como un halcón,
sus garras me frenan las muñecas y la huida,
su aliento de niebla va sajando despacio
los tersos y ahora bermejos visillos de mi vientre.

Ella
siempre me lo decía:
no llevas una vida ordenada,
viajas con murciélagos aturdidos,
acoges a pasajeros indecentes,
te dejas torturar por un deseo oculto,
sonríes a tu peor enemigo,
buscas el consuelo en el rocío de la mañana,
socorres a la flor que se desgaja,
admites reproches sobre tu alma descolorida,
transiges por la compra de empatías
y recurres a abismos sombríos
para seguir respirando.

Mi última sombra me lo decía:
no verás nunca la luz que desprendes.

Pero prefiero vivir con mis sombras,
a pasearme
por un sueño mal iluminado.

EPITAFIO

SE fue despacio
sin contar los pasos,
sin séquito que la acompañara,
sin alas envaradas que pregonaran su nombre.

Se fue despacio, entre bambalinas
de lutos enganchados,
entre tallos pertrechos de moho
y sin brillo,
sin apenas música,
sin apenas cantos.

No se sabe si llegará lejos,
pero el viento somnoliento
nos trae cada noche
un perfume que recuerda su mirada
y que exhala dulces cantos
por su alma.

RECELOS

NO había remedios
ni valentía para luchar contra ellos.
Se rasuraba el corazón
cada mañana
para ocultar sus ojos decrépitos;
enviaba alaridos de auxilio
para engañar a las horas pasajeras;
trillaba cada sueño con lágrimas
para ocultar su desnudez.
Y, poco a poco, se fue apagando
para no despertar rencores.
Y, poco a poco, se fue callando
para ocultar su locura,
envuelta en un sinfín de interrogantes
que la mar dejó
en la otra orilla de la vida.

SUEÑOS LOCOS

VOLVED a mí, sueños locos,
enterrados en paraísos diversos,
pespuntes estampados
de un grosor inadmisible,
acuñados de incienso y buenaventura,
acorralados en los jardines de mi infancia.
Volved a mí,
a liberarme de las trampas oscuras,
a estrecharme contra el cáliz de la vida,
a cercenarme un poco más en la agonía,
a amarrarme con aliento contenido,
a esconderme en los pasillos del naufragio.
Os conozco.
Me turbáis cada noche de mil sueños,
jugáis a enterrarme entre el flequillo
de mi propia locura
y lanzáis fantasías divididas
para ocultarme.

No he podido vulnerar
abiertamente sus reproches,
asirme a los pliegues de sus velos,
descender torpemente por la vehemencia,
aclimatarme en el perpetuo
y ágil lamento de su sombra,
arrojar mariposas a su orgullo,
acariciar la tarde que le hostiga,
deambular por la piel de su mirada,
creer que existe solo en las noches pardas
y descender a la otra orilla sin su canto.

Venid de nuevo a mí,
sueños insensatos,
que torcéis la imagen que venero,
cuando su cálida mano me busca.

Tormento y desconsuelo
ante esta mueca de congoja.
Vosotros salpicáis
con brújula macabra
esta sinfonía
que me ahoga.
Grito por ella y vuelvo de nuevo
al resplandor de la madrugada.

Adiós. Habéis llegado tarde.
He huido por la estela del rayo del sol,
por la franja tenue de un inmenso cielo.
He descubierto el encanto de Aglaya
y la sonora cantinela de la sirena oculta
en la sayuela de oro.
Trasciendo para desvanecerme,
para revolotear
cerca de los mantos que me esconden
en este oculto desierto de la vida.

Al fin he comprendido
que no hay dolor que más me sane
que cumplir cada disparate
después de tus adioses.

UN ÚLTIMO RECUERDO

SE pasó la vida.
     Se empezó a carcomer
     desde la infancia,
desde el ruido sonoro
de los primeros pasos,
desde el grito ajado
de una niñez atormentada.

Juguetes, caricias, tropiezos,
enredos, tropelías, dislates.

Aquel jardín sediento de alegría
se difuminó lentamente,
y un balcón de cintas descoloridas
envolvieron su figura.
De cada una de ellas
empezó a desliar recuerdos,
y, poco a poco, un festón
de inquietudes lo envolvió.

Hoy se pasea por esos espejos de la vida
ya dilatados en el tiempo.
Siente tantas carencias
que apenas reconoce su propia imagen,
pero mantiene un último recuerdo,
y eso lo mantiene vivo:
La suave caricia de una perla oculta
rozándole la mano.

VOLVERÉ A TI

AUNQUE no lo creas,
algún día volveré a ti.
Amarraré tus manos a las mías,
salpicaré de burbujas tu dulce boca,
remaré en torno a tu cintura
y alegraré con un canto de sibila
tus islas rotas.

Tú espérame junto al helecho
enrarecido. En ese hueco hosco
y caprichoso que nos acogía
en las noches oscuras.
Allí quedó
una voz oculta, que solo se oye
cuando invoco tu nombre.
Allí,
en esa esquina solapada con el viento,
tenemos un trozo de paz esperándonos.

DESDE MI LUCERNA

ME asomo tímidamente
a media tarde.
Veo a mis amigos entretejiendo
sueños fallidos,
a algunos buhoneros vendiendo sus baratijas,
al prelado extendiendo misereres,
al chico de los recados corriendo
hacia la sacristía,
a la amante de turno calzando su escarpín,
a la tierna rosa extendiendo sus alas,
a aquella hoja con forma de nube;
pero apenas reconozco mi calle
ni sus aristas ni sus contornos.
Tal vez fue protagonista
de algún cuento,
de alguna fábula,
de algún acróstico insólito,
pero hoy no la siento,
no puedo adherirme a ella,
tal es la memoria desmemoriada
que pinta nuevos rótulos
donde existió casi una vida perfecta.

MISTERIOS

NUBES vagando por un cielo sombrío,
una onda en el agua reclamando tu presencia,
gaviotas de alas estancadas,
vientos rojos cargados de alambiques,
anillos rotos por los años,
diferentes caminos de encontrar la paz,
una gota de quejido gris en tu mirada,
posturas indecorosas ante el rocío mañanero,
el quejido de un niño entre los escombros,
la nueva luz de cada amanecer,
la armonía de las sombras en tus ojos...
Todo misterio
menos la mano temblorosa
que pide limosna en los arrabales de mi ciudad.

LUCES OPACAS

LA luz me aterra,
me confunde,
altera mi ritmo,
me amenaza
con descubrir la verdad,
me delata ante el plantel de las flores,
chantajea mi existencia
para sorber acíbar,
juega a confundirme
por los rincones del mundo
y engalana caprichosamente
mi destino
para que pise la hojarasca.

Cómo y a dónde huir.
En qué distendido puente
podría ocultarme,
entre qué añiles velos
podría disiparme,
entre qué mullidas almohadas
enterraría mi sombra.

Luces plañideras,
sedientas de opio negro,
de harapientos consuelos,
de mordacidad caduca.
¿Por qué os arrastráis escuálidas
para modelar mi agonía?
¿Por qué arañáis la fina piel
para torcer el destino?

¿Por qué desnudáis al incauto inocente
para fruncir su sueño?

Luces opacas,
carentes de ternura y de confortes,
osadas plagas
que barréis insólitos parajes de paz
para hundiros en vuestra propia amargura,
aún sabiendo que tenéis perdida la guerra
cuando las amatistas despierten.

NO ME DIGAS QUE ME VAYA

¡NO me digas que me vaya,
si nunca llegué!

LAS HORAS QUE NO CUENTAN

HAY horas que no tienen memoria,
que no saben de tiempo y estaciones,
que trascurren sin respiro y sin tregua,
que no dejan huella en la retina
ni amor con tinta azul.

Son inquisitorias y traslúcidas,
se sienten soberanas
en nuestro jardín de sentimientos,
apenas nos susurran algún canto,
apenas nos trasmiten un delirio,
apenas nos sostienen en el vaivén.

Nunca las busco,
pero ellas llegan pedaleando
entre cables y estornudos,
entre breñas y matorrales,
y al fin entiendo su desesperanza
ante el tic tac de las otras.

Son horas desmemoriadas,
sin retrasos ni adelantos,
no hay cuartos ni medias en sus alforjas,
no anteceden a la muerte ni la buscan,
no caminan de la mano de agujas ni minuteros,
solo INTERROGAN a nuestra CONCIENCIA.

SUTILEZA FRENTE AL MAR

SUTIL en su inmensidad,
en su desafío,
en su recogimiento y jactancia,
arropado de colores tardíos
y de dulces alabanzas.

Tú eres el desierto mojado,
el origen de la vida y la ficción,
el vuelo etéreo de una cresta,
el gavilán oculto y sutil
en medio de la nada.

Abrázame en tu cordura,
no dejes que deslice el pie equivocado
ni que sostenga púrpura helada
al caer la tarde opaca
que todo lo envuelve en silencio.

Arquea tu espalda para sostener
este cáliz cargado de agonía
que me invita a sellar tu espita,
solitaria balanza
en medio de la noche.

Estamos unidos por el recuerdo,
por el posado de tu espalda
que apenas se marea.
Lanza el último silbido
que destruya mis esporas.

Envuelve en cínicas burbujas
este hielo aparente que atormenta,
y dame un poco más de tu fiero crepitar,
que rinda honores
a tanta belleza.

CUÁL ES TU NOMBRE

AHORA que nadie nos escucha,
que la Tierra está adormecida,
que los surcos del sentir se han cerrado un poco,
ahora que las riberas del insomnio
pierden sus fronteras,
ahora que mil flores se unen
para cantar al vacío,
ahora que las madréporas giran
en torno al corro de la astucia,
dime, cuál es tu nombre,
cuál tu sedimento,
cuál tu sombra oculta,
cuál tu vestido de agasajos.

¿Respondes si te llamo por caricias?
¿Es tu nombre una cantinela inconclusa?
¿Acaso la llamarada menos ardiente?
¿Tal vez la súplica evanescente
de una ráfaga de chispas?
¿Cuál es tu nombre en estos días plateados?

Cuando rezumo calvario encadenado,
cuando los postigos de la sospecha se acercan,
cuando tiemblan las luces del misterio.

¿O acaso desapareciste hace tiempo
y ya no queda nada más que un olor
rezumado de salvias en guardia
para no desfilar a tus aposentos?

UNA NUEVA MELODÍA

ABRAMOS un sentimiento jaspeado
al son de panderetas y timbales.
Seamos amables con la vida,
paradoja inerte, que nos permite
ser solícitos con el misterio
de vivirla.
Inventemos cábalas nuevas
para responder a las preguntas
exegéticas del misterio de la existencia.
Cosamos el vestido roto de la duda
y abracemos ese nácar que corona
el principio del camino.

Una nebulosa nos envuelve cada día
al pie de las interpretaciones y enseñanzas.
Un halo polvoriento del dios Ares
enciende en nosotros el titubeo.

CADENA DE SORPRESAS

ESLABÓN tras eslabón
de pecados e impertinencias,
de fangos enrojecidos con el paso de los días,
y aún te sorprendes.

Anillos engarzados en collares
para disolver el cauto beso que se escapa,
en el abrazo de pasión,
y aún no lo entiendes.

La bondad de tus amigos
que te rezan para luego
echarte al borde del precipicio negro,
y aún te sonrojas.

El amor eterno que te prometió
en aquella irisada esquina,
hoy borrado a cal y canto,
y aún te ruborizas.

La palabra sin juramento ni testigos
que te dio el capitán del barco
y ahora ha quedado ahogada entre los remos,
y aún te extrañas.

El largo adiós
que siempre se retrasa
para convencerte de lo contrario,
y aún le saludas.

Hoscos limos y pecinas
entretejidos sin pausa y sin sosiego,
socorred al desvalido y al náufrago
porque nunca saldrán de su ceguera.

MIRADAS AUSENTES

*S*I *miráis, miradme al menos*
curtidas por los años
y el viento Mistral,
por los lazos ajustados,
por la cornisa romana
del último palacio de los reyes
o por la insigne caricia del Leviatán.

Ajustad vuestro remo a la cintura,
no descuidéis la poesía de la mañana,
y enseñadme el jardín de los amantes
huidos del acoso y del poder.

Os necesito para curar mi orgullo,
para devolverme a mí misma la osadía,
el desenfreno, el coraje, la disipación.

Miradme y otorgarme el título de mendiga
de utopías, sueños y fantasías
para que pueda ver la cara oculta
de esa luz ausente que me hiere mientras mira.

TRUEQUE

DAME tus canicas, tus relojes, tu calendario
y tus cromos.
A cambio, yo te doy mis naipes, mis horarios,
mis citas y mis billetes.

Traspásame tu esencia de lavanda,
y yo tejeré un vergel de madreselvas infinito para ti.

NECESIDAD ENCUBIERTA

ME dijeron que guardara
en los baúles tu presencia,
que cerrara tanto aroma,
que tirara las llaves al pozo del olvido
y que tejiera un nuevo cofre
para disipar recuerdos.

Hoy solo atesoro barcas
con diferentes bocetos,
chalupas agrietadas por el óxido,
lanchas rasgadas por esporas,
bateles desmayados por la arena.

Colecciones muertas,
sin paisajes aparentes.

He perdido la vista
mirando al horizonte
creyendo que tus ojos
aún respiraban,
que todavía
se escapaban de su concha
para aliviar mi espera.

No hay ficción más inútil
que la necesidad encubierta.

HAY ROSTROS MUY OPACOS

HAY rostros que destilan
un sabor a yerbabuena y canela
que son trasparentes al tacto,
que se encogen y se ensanchan
con una mirada sutil,
que alegran a los infelices y desdichados,
que son nuestra guía y colofón.

Pero también hay rostros opacos y malditos
que tergiversan nuestros versos,
que zarandean el alma,
abren comisuras rígidas y estrechas,
desentonan nuestros cánticos,
oscurecen nuestro reposo
y lapidan de lodo nuestra quietud.

ESTOY SOLA

AQUÍ no despierto sospechas,
estoy sola.

Aquí no acuden las miradas de los que me espían,
estoy sola.

Aquí junto al paisaje de mi infancia
nadie sospecha de estos recuerdos incendiados,
estoy sola.

Aquí terminaron las oraciones,
y de la luz acuden las sombras del recuerdo,
estoy sola.

PARA ESTE VIAJE

PARA este viaje
no necesito a nadie,
porque nadie cabe en mi silencio.
Yo, exclusivamente,
viajaré a la memoria de otras primaveras.

Para este viaje me sobran los abrazos,
porque no pienso volver a ellos.
Me sobran para este viaje
tus sueños y mis fracasos,
mis dudas y tus afirmaciones.
Me sobran estos árboles,
sus pájaros y sus plegarias al atardecer.

Este es mi viaje último,
por eso ahora arde mi casa
para que nadie la habite,
para que nadie se enrede entre sus fantasmas
y tus recuerdos.

Para este viaje no necesito a nadie.

SI TE VAS

SI te vas, déjame la flor de tus labios
marcada en los cristales de mi ventana.

Si te vas, entorna mis heridas
para que no pase la luz de tu destierro.

Si te vas, déjame escrita
la oración de tus ojos.

Si te vas, desátame de tu cintura
para que no pueda marcharme a mi inexistencia.

Si te vas, déjame tus abrazos
sobre la cama de mi insomnio.

TE OFREZCO MIS PALABRAS

TE ofrezco mis palabras…
Las que nombran mi embeleso por la vida,
las que visten mi silencio,
las que me acompañan en las madrugadas,
las que me duelen,
las que te nombran,
las que siembran ternura en tus labios,
las que reposan en los mármoles del cementerio,
las que habitan en mis montañas,
las que mecen tu sonrisa,
las que callan cuando hablas,
las que ponen sueños en tu frente,
las que siembran de flores nuestro jardín,
las que nombran cada una de las estrellas,
las que no sé pronunciar.

Todas…

SI TÚ NO ESTÁS

SI no te convoco
en esta tarde de silencio,
no puedo escribir un solo verso.

Si tus manos no trepan por mis rincones
para alcanzar la esperanza,
no puedo escribir un solo verso.

Si tu frente no acuna mis sueños
para superar este abismo,
no puedo escribir un solo verso.

Si tu luz no espanta mis cuidados
en el telón de este instante,
no puedo escribir un solo verso.

MI CASA

MI casa es un incendio
en el que navegan los recuerdos
en pequeños barquitos de papel
a la deriva de sus naufragios,
estremecidos por la tormenta de mi infancia.

Mi casa, mi alma, mi vida,
el silencio me asoma a la nada
y el fonógrafo interpreta una sonata
enloquecido en mi cuarto.

Mi casa se reclina en el hombro de la tarde
que se cierra sobre la ruina de sus tejados,
envuelta en los escombros heridos por el tiempo.

Mi casa es un incendio que se quema
hacia dentro sin remedio.

NECESITAMOS LOS OLVIDOS

PARA refrescar la memoria,
para regar el árbol de la vida,
para no acordarme de las tardes de otoño
cuando olvidabas mi nombre,
para escribir en tu aliento
con letras torcidas,
para no saber cuál es la calle
en que me abandonaste
una tarde gris,
para no sufrir por tanto descalabro e infortunio,
para no descubrir entre renglones rotos
miserias y desdichas
impuestas por tu credo.

RINCONES DEL MUNDO

EL rincón de los alelíes,
de los lodos y los fangos,
de las sutiles caricias,
de los correos rotos,
del pasamanos oculto,
de los atardeceres airados,
de la bohemia sesgada,
de los procaces abusos,
de los silbidos borrosos,
de las alas escarchadas,
de los puentes purpúreos,
de los infinitos espejos.

Rincones del mundo,
soberbios y aparentes,
que otorgáis un boleto de ida
para no volver,
acusad al cosmos
por haceros redondos,
por haceros angostos y olvidadizos,
por conseguir que me pierda
en vuestras esquinas sin fallas,
mientras entono una balada
para jugar a encontraros perdidos.

DEUDA ETERNA

TE debo respeto y admiración
por haberme entronado en tu pechera verde,
por haberme rescatado de los cauces rojos
y haberme colocado en el centro de tu pupila.

¡Qué habría sido de mí,
de mi languidez mañanera,
de mis aspas agrietadas,
y mis camisas sin mangas!

Te debo pleitesía y reconocimiento infinito
por enseñarme el catecismo de la urbanidad,
los juegos malabares del amor
y a olvidar con rapidez las injurias.

¡Qué peldaño hubiera podido alcanzar
sin tu entrenamiento constante,
sin tu delicadeza de maestro competente,
sin tus enseñanzas de nácar irisado!

Te debo obediencia y sumisión
por demostrarme sabiduría y beneplácito,
enredos acertados, hilvanes superpuestos
y todo tipo de festones para amar.

SABIA CUADRÍCULA

L A diagonal de la arista,
que roza el sentimiento vaporoso
de un ángulo,
te oprime bellamente,
mientras el círculo central
disputa tu grito agudo
junto al cuadrado.
Salta tu corazón
a pequeños golpes de abanico,
enlaza tu aflicción por algún enroque
para ascender al corolario del sueño.
Allí te espera el círculo vital de las pasiones
convertido en sabia cuadrícula aclimatada.

LO EFÍMERO

FUGAZ momento
de todo lo vivido y contemplado,
transitoria pena y alegría unidas
por los escarpados horizontes
del silencio.

Qué efímera existencia,
qué despiadada mentira,
qué sarcasmo de gozo
ante un final seguro
por no hacer mudanza en su costumbre.

Aquellas cimas olorosas de la infancia,
aquellos atardeceres apasionados,
cumpleaños con estrellas sibaritas,
juguetes repletos de dulces golosinas,
el abuelo jugando a esconderse,
esparcimientos arrinconados de verano,
el perro atrapado entre mis pies,
vestido de domingo a las doce,
la mirada sugerente de un amigo,
premio a la nota más alta,
el mar ilusionado al verme.
Un sinfín de melodías
que ya no tocan ni se esparcen,
cadencias acotadas
por los barrancos del miedo,
compases duraderos y sombríos,
colores apagados sin sus velas,

ruidos estentóreos e inusitados,
mugidos huecos del país vecino.

Lo efímero, lo precario, lo perecedero.

Todo invita a escarbar en el barro
hasta encontrar ese mimbre humilde,
mientras escuchamos las últimas melodías,
los sones y las guisas
de una vida que rueda sin compás
mascullando la despedida.

EL DOBLEZ DE LA ETIQUETA

APARENTEMENTE jugaba la etiqueta
a ser sombra de todo lo planchable,
de lo moderno y de lo antiguo,
de lo utilizable y de lo pasajero.

Apenas un cartón atado a un utensilio,
ya sea tela, lana, lino, madera, hierro o argamasa.
Siempre unida a sus congéneres,
atada a su destino incierto,
manoseada por el poderoso comprador
que, apenas tocarla, la deja nuevamente.

Qué trozo de cartón tan intensivo,
necesario, indicador sugerente,
que apenas conocemos y estimamos,
pero que siempre llevamos prendido
en cada adquisición que concebimos
en este mundo fraudulento
de compras inagotables.

MARIPOSAS SIN RENCOR

¡QUÉ divinos colores albergáis,
bajo vuestras soberbias alas,
que cantan y corean
canciones y baladas
de esposas tiernas!
¡Qué amarre de vuelos inauditos
coronan cada mañana mi ventana!

Os veo en el sigilo de la tarde
queriendo almacenar
heridas de otros tiempos.

Vuestro baile me acecha y me perturba,
exalta recuerdos de épocas pasadas,
de instantes coquetos con la vida,
de intereses ocultos en las mañanas
queriendo invitarme al vuelo.

Sois eternas peregrinas
de la noche, de la savia, del néctar,
libres y cautelosas al tiempo.
Moráis en tierras inhóspitas y oscuras,
y exaltáis mi resguardada espada.
Os amo en vuestra belleza,
en vuestro sencillo revoloteo,
y admiro el sublime círculo que formáis
dentro del liquen y la alondra,
del zorzal y del caimán.

Construiré una cadena infinita
en el silencio, de noche,
para acogeros en ese látigo que hiere
y os pondré nombres variopintos
para que pintéis los surcos de mis ensoñaciones.

LIRIOS ACOGEDORES

FLORES y lisonjas
bajo el manto de la noche.
   Os recuerdo en los surcos del camino,
acurrucados entre cálices ocultos.
Formabais una linda diadema
en mi sombrero y exhalabais
fragancias de caramelos de limón.

La naturaleza os eligió
para hacerme compañía,
cuando el viento arrecia,
cuando la luz de la mañana se enturbia,
cuando la lluvia deja de ser trasparente
y cuando todos los pobres del mundo
rebañan su jofaina.

Conmigo vais,
en la solapa de la falda,
en el cinturón de mi vestido,
en los aros del anillo,
en la picunela del guante,
en el estribillo del pañuelo.

Lirios acogedores, gratos,
placenteros, susurrantes.

Soy la esencia que me enseñasteis.

MI PADRE, OTRA VOZ

LAS lecciones de mi padre
apuntaban a un solo lema:

Ayuda a los demás
sin esperar nada a cambio.
Hazlo por propia convicción
y amor al otro.

No pierdas nunca el humor
que nos salva de las guerras.

La paciencia siempre da sus frutos.

Dormir con la conciencia tranquila
es el mejor somnífero.

El dinero ayuda, pero no es mi rey.

Las creencias se conquistan,
pero no se imponen.

El trabajo dignifica y
nunca avergüenza.

El que quiere hacer algo
no necesita que lo empujen.

La verdad es la única justicia.

Si no existe Dios,
debería existir.

Nunca tuve un libro
con mejores enseñanzas.

MI MADRE, OTRO SENTIR

SI dudas ante la elección de un color,
ella es el verde que canta en los espejos del alma.

Si la caída imprevista se agarra a tu garganta,
ella es la mano que acaricia la tierra antes de que duela.

Si tus ojos derraman amargura inesperada,
ella es la mariposa que bebe lágrimas en la alacena.

Si las notas de clase son reconfortantes,
ella es la campana que suena dentro del cuaderno.

Si el frío de la noche te exige un abrigo,
ella te cubre con un mantón bordado de estrellas
                                        [dormidas.

Si la fiebre no te deja salir a jugar,
ella es el jazmín que vela tu frente desde la ventana.

Si el bolsillo de la falda se rasga,
ella es la aguja que cose silencios.

Si la soledad te pide un abrazo,
ella es el muro que se abre como pecho de paloma.

Ella es mi madre, otro sentir.

INJUSTICIA Y OPRESIÓN

DESAFUEROS e iniquidad,
perfidias y abusos
siempre se amarran
a los más desfavorecidos.

Perjuicios y descalabros,
trenzados y entretejidos
con títulos siniestros
para exhibir la mejor mentira.

¿Quién elevará sus súplicas
a la tribuna de la justicia?
¿Quién depondrá sus delitos
de trabajo y explotación?

La noria del regocijo
nunca llega a sus ventanas.
Solo escuchan piedras rodadas
cerca de sus lechos.

Riegan con el sudor
los campos de amapolas;
con las manos ajadas,
los jardines del suicidio.

Nunca nadie pregunta
cuál fue la última vez
que acariciaron la vida,
la última vez
que bailaron con música.

Sujetos a la cornisa
de la desidia y apatía
pasean su sombra maldita
por las zanjas del desierto.

No habrá un momento
de paz y de sonrisa
mientras los coros de ángeles
no entonen un canto de trompeta
por la libertad de tantas almas
cautivas en el cáliz del poderoso.

MIEDOS PERPETUOS

ACURRUCADOS en el viejo baúl
del viejo desván,
de la vieja mansión,
entre popelín y larvas cicateras,
allí dormidos, cuajados, entumecidos,
se ocultan los miedos de mi dicha y complacencia.

Un día anaranjado, salieron de excursión
por la morada de los sentimientos,
de la locura, de los antojos,
de los regateos sonoros,
de las porfías ocultas.

Chocaron suavemente con la simpleza humana,
con la sandez a duermevela
y se fueron borrando y adormeciendo
como *la hipsípila deja la crisálida*.

No hubo reloj que los parase,
ni andén que los detuviera,
quedaron ateridos
sin saber qué responder,
relegados en el vacío eterno.

Hoy viven escasos de víveres, de suministros,
sin forzar la máquina de la ilusión,
acostados a mi vera
para no darme la espalda,
confusos y oprimidos,
sin atreverse a resbalar por la cerradura,

custodiando despertares y cadencias,
sabiendo que nunca
me abandonarán,
pero tampoco podrán salvarme
del disparate aparente.

He aprendido a vivir con ellos,
a respetar sus desvelos por mis sombras.
Cautelosos de no contrariarme,
circunspectos para no dañarme
y, siempre, adheridos
a mi piel como un torbellino,
carentes de dolencia
para no dañar la magia
de mi única espuela de cariño
que, siempre, atentamente les dediqué.

EL TIEMPO SE DERRAMA

L APSOS que inundan
nuestro vago espíritu
contagian los minutos
para que el tiempo se derrame.

No escuchamos su contumaz sonido,
no ponemos atención a su porfiada visita,
no atendemos sus consejos de vida,
y, mientras, el turno pasa calladamente.
¿Cómo nos acogemos a sus campanadas
sin percatarnos de que cada resonancia nos aleja
del punto de partida con más estridencia?
Vivimos sin reparos, sin censuras,
creyendo que el mañana
llegará, pero sin prisa.
No aprendemos del carrusel de los caballitos
que rueda y gira
para volver a empezar.
No aprendemos de las clavelinas doradas
que resplandecen un minuto
para apagarse después,
de las gotas de agua que iluminan
para quedarse secas,
de la sonrisa de un niño
apagada en la madurez.
Tiempo oculto y escurridizo,
furtivo y veloz,
que nos engaña y envuelve
con la comisura de sus labios,
nos promete y apunta

con su capa vespertina,
nos acoge y vomita
con la misma sutileza
que la mano hacedora del mundo.

Hacia dónde huir
en este seco velatorio.
Hacia dónde postergar los pasos
para no chocar con la verdad.

¡Tiempo que derramas
silencios y nostalgias,
oquedades vacías
para caer en tu trampa!

Ayúdame a encontrar
la salida que anuncie
una nueva razón
para seguir equivocándome.

SI ME CONOCIERAS

SI me conocieras,
   si supieras que existo,
   que concurro a tus veladas,
no me darías nunca la espalda
ni la mejilla,
porque comprenderías
que soy cautelosa e inofensiva,
que solo riego las flores del jardín
cuando lloran los hibiscos,
que acudo a las colmenas
si sus zánganos cantan,
que llevo tus anillos
cada vez que traspaso las nubes,
que nadie me acicala
si no está presente
mi duende vespertino,
que aplaudo solo cuando
el telón se desgarra,
que acudo a los conciertos de palmeras
si estas se tiñen de fiesta,
que madrugo para ver
el faro del desierto,
y que únicamente canto
cuando las amapolas se duermen.
Si me conocieras
no querrías volver a ser,
nunca más, tú.

MIS VENTANAS

PONGO lazos de seda en mis ventanas
para arrancar tu sonrisa;
coloreo de rojo el tejado
para que trepes por él;
barnizo la puerta de entrada
con tintes de avellana,
y los visillos y cortinas
los dejo al viento, con flores,
para que deshojes tu porvenir.

LA LIRA

RECOGERÉ los colores y sonidos
del mundo para llenar la lira
que entone tus días.

NO HAY DÍA SIN *CARPE*

LO dijo el poeta,
aprovecha el día,
no dejes que se macere
la rabia y te arranque los tuétanos,
que se acumulen polillas en tu balcón
y te estropeen los abrigos del sueño,
que se lastimen las alfombras
y no puedas andar sobre el almíbar,
que se acopien dolores atrasados
para impedirte ver el cielo,
no consientas que una ráfaga de viento
despegue las caricias de otros tiempos.

Galopa incesante por los arcos del amor,
cabalga por las estatuas de la dulzura,
envuélvete en sedas orientales,
dibuja a la sabia ninfa en tu costado,
arrulla con tu arpa a las delicadas golondrinas,
dedícale un baile a la diosa Spes
para que no se apague nunca la luz,
destila carcajadas ante el caos contenido,
recógete en la noche para rizar las estrellas
y ven a visitarme cuando casi todo esté perdido.

OCUPADOS EN VIVIR

MIENTRAS los colores se estremecen,
mientras las melodías nos zarandean,
mientras las espigas se adornan,
mientras las camelias se engalanan,
nosotros seguimos ocupados en vivir.

SECRETOS DEL ALMA

NUNCA pude entender
de qué color es el alma,
de qué tejido está confeccionada,
qué medidas tiene
y en qué lugar de nuestro cuerpo
se esconde.

Cuál es su poder para dolernos,
cuál su potestad para hacernos sufrir,
su capacidad para aterrarnos,
su porte para silenciar nuestros descuidos.
Seguramente vive adherida
a la roca del olvido,
a la veta humilde del magnolio,
a la arruga leve del colibrí.

Pero sí hay un secreto cierto,
y es que existe,
con luces y con sombras,
con aflicciones y abatimientos,
con confusiones y tinieblas,
que exhala humo tormentoso,
que pasea por las riberas extraviadas,
que ronda a los enamorados
y que cuando nos deje
algo sublime y excelso
dejará de existir.

NOCHE AJADA

NOCHE mustia y arrugada
que desvencijas
los arados de mis sueños.
Noche marchita
que arañas
el descanso de mis velos.
Déjame dormir
en tus brazos paternos,
déjame soñar con alas leves
mientras el sol se oculta.
No combines pesares y amarguras
en este remanso bruno,
no deslíes mi paciencia
a golpe de torturas.
Tan solo diluye mis angustias
en los puños de tu manga.

ALEGRÍA BREVE

NUNCA tuve alegría en mi semblante,
solo costras de carmín oscurecido.
No encontré la sombra oblicua
que me alejara a otros jardines
ni encontré el báculo apropiado.
No supe derramar
la pupila que se aferró a ti,
ni la mácula que la engarzaba.

Fue breve la sonrisa de la comisura,
breve el tejido que esparció el tormento,
breve el tintineo de platillos
y breve tu agitado pañuelo.
Me aferré a la pared del miedo y la sospecha,
me enganché al sinsabor de las cosas
y empecé a descubrir lámparas de bromo
que abrían otros caminos.

Allí oculté algunas sonrisas,
pequeños placeres y delicias apagadas,
recuerdos derretidos por el paso del tiempo,
y no supe engalanar el ángulo de la vida
que más se parecía a tus deseos.

FUERZA Y HONOR

UN misterio la vida,
cuando se enhebra con los hilos
de la fuerza y el honor,
cuando se entrelaza
con las comisuras
del sueño y la ilusión.

Aparecen, entonces, rendidos
los malditos y los perversos,
los haraganes y los diligentes,
los hércules y los afanosos.

Comienzas a disfrutar
de la existencia, de la savia,
del recreo, de la alegría,
trasformando el llanto
en corales jaspeados
para mecerte en
el misterio que arrebata
cualquier miedo.

Abrid las celdas de la inocencia,
del candor, de la exquisitez.
Absorbed los flujos de Vishnus,
recorred los pasillos de la maga
y fluid copiosamente
por la ventana del amor.

EL VATE

EL último poeta que puso fin
a tu poema de la vida
no supo encontrar el silencio adecuado
a tu nostalgia.
No supo encontrar el malabar
de tus anhelos ni la impronta de tus avideces.
Murmuraba palabras elocuentes,
pero no supo encontrar la resina
de tu corazón.

Guárdalo en una cajita opaca,
que no sienta más violines ambiguos,
que no confunda la palabra con el don,
que no atenace tu cancán de terciopelo,
y que no hostigue la belleza de tu dorso.

MI ÚLTIMA LLAMADA

APELO y requiero
a todos los danzantes del mundo,
a los que saben sobrevivir
bajo la espada del poderoso,
a los silenciados en la hoguera
de la vanidad,
a los desfigurados por la intriga
de las capellanías,
a los ortodoxos del duelo y del requiebro,
a los piropeados por su manto de armiño,
a las desenfadadas hadas
de varita trasparente,
a los vientos planetarios que generan energía,
a los anillos pandora que engarzan entrega,
a los que no vieron el mar y lo soñaron,
a los que mantuvieron sus lámparas con aceite,
a los poetas que quemaron sus versos
al atardecer.

Apelo a las cariátides que sujetan
los imposibles afanes
de mi última llamada.

Solo la palabra nos salvará en la diáspora,
solo la luz matizada de poniente nos hará más dignos,
y únicamente la destreza de la inteligencia y la pasión
consumirán el destierro negro de la vida.

Con ese ánimo de alegría,
podremos, al fin, conseguir

burlar la senda huidiza de nuestros rencores,
de nuestras inquinas.

Apelo a la palabra
para coronar el mundo
con alguna violeta olvidada
en el trasiego de la vida.

II PARTE

DELIRIUM

"Aquí, en esta orilla blanca
del lecho donde duermes
estoy al borde mismo de tu sueño".
Luis Cernuda

I DESIDERIUM
(Deseo)

NUNCA he podido llegar a ti
ni a tus sombras ni a tus juncos.
No he podido amarrar las aristas
de tu polisón de plata,
no he logrado acariciar
la última poesía con tu nombre,
no he podido traspasar la melodía
que te engarza
ni desplazar de tu rostro
ciertas lágrimas ajadas.

He consumido cálices dorados,
me he emborrachado del néctar plañidero,
del sutil polen de tu mirada,
del genuino imán de tu locura,
de la pérfida estrella ruborosa,
pero no he descubierto
el misterio de tu alma.

He arañado el canto rubeniano
que llega hasta Ormuz,
me he paseado, sutilmente,
por las cadencias de tus labios,
he despejado la luz
que atrapa tu agonía
y he bailado locamente
al son de tu mirada,
pero aún no he podido llegar a ti,
ni a la sabia que te alimenta
ni a tus cánticos perforados de sirenas.

No he podido divisar
tus pétalos de jaspe
ni atrapar tu cadencia sempiterna.
No he llegado a comprender
la magia de tu nombre,
ni la llaga de tu herida
ni la hebra de tu aliento
ni el ardor de tu locura
ni tus oscuros juegos
vehementes, eclipsados,
escasos de fragancias iridiscentes.

II VERITAS
(Verdad)

SERÁ que la vida se deslíe
y yo me enredo.

Que el bosque se hincha de volátiles flores
y yo me aferro al pasado,
que hay que mirar al viento
sin perder de vista las esporas,
que hay que acercarse a la rama del colibrí
sin invocar a Talía.

Son muchas las piedras del camino
para amontonarlas en mi seno,
para desgravar pecados,
quedarme limpia de inmolaciones
y pensar en ti.

Hay muchas miradas insensatas
esperando tocar el arpa de la angustia,
maldiciendo fracturas irritantes
que les destrozan la vida,
corriendo la cortina del beleño.

¿Será que solo hay que buscar el eclipse de la lluvia
¿Será que el llanto del peregrino es el único que
[amenaza?
¿Será que el oro privilegiado nos acartona?
¿Será que solo los ojos apagados del lucero tienen
preferencia?
¿Será que solo la enlutada muerte nos arrolla?

Y ante tanto descalabro,
yo, buscándote
y queriendo
llegar a ti.

No ha amanecido la luna
y ya los niños extienden sus manos
para no ser agujereadas
por el viento Ábrego.

No se ha acolchado el sol
y las madres rugen por un trozo de pan.

No se ha escondido aún la prístina mariposa
y el capullo de seda se ha quedado vacío.
Apenas tiemblan las últimas sílfides
y un corifeo de penumbras
arrulla lágrimas al mar.

Despavoridos, los hilos sedientos
se desprenden con rizomas en la noche,
sin otra ansiedad que ayudarme en tu búsqueda,
calmada de silencio.

Tanto dolor se agrupa en mi costado
que enredo con malicia
varillas silbantes de un nuevo amanecer.

III OBSESSION
(Obsesión)

NO es posible rimar con yámbicos,
no es posible el perspectivismo histórico,
no es posible la cadencia alterada,
no es posible, ni será posible nunca,
redimir la solapa que te acuna en el invierno,
que te persigue en el sueño descolorido,
que te otorga un poco de paz
en medio de la noche,
que te aleja de la oquedad febril,
que te arrulla sin ninguna causa
cortando el cordón umbilical,
buscándote tras el pétalo de alguna acacia,
andando de puntillas por la vereda del miedo,
trasnochando casi al amanecer,
absorbiendo acíbar en pequeños sorbos,
tumbándome en el rocío para alargar la espera,
agarrada al manto de la noche roja
para que el temporal no me descubra,
—inerte siempre a tu mirada—
bailando en piruetas para llegar a tu balcón.

He cavado para vaciar la almena,
deambulado por parajes tortuosos,
he rogado para que el iris no se desprendiera,
he trazado laberintos para acortar caminos,
barrido mil esferas para alisar tu redondez,
he convocado mil silbidos para despertar tu corazón,
he congregado a todos los sabios hierofantes
para aclarar tu partida,
para reclamar tu sombra,

para recuperar el respiro,
para distraer la ojeriza,
para descubrir alguna huella que invocara tu nombre,
para borrar cualquier pálpito de medianoche,
pero tú no estabas.

IV INSANIA
(Locura)

GIRANDO doblemente
alrededor de culebras encantadas,
almidonando espinas afiladas
y jugando a la nonada de la vida,
te busco nuevamente.
He quedado derrotada por tus cuerdas,
bordones y codastes,
rodas y amuras,
y aún no consigo divisar el horizonte.

Vagas estrecheces
me dispersan.
Camarotes roídos
me quebrantan.
Un mar único, girando
entre las lágrimas acaecidas del Mediodía,
me enfanga
en mi inconmensurable búsqueda.
Solo bocas retadoras de máscaras,
solo estelas medio heridas
en la desafiante ola.

Es difícil acceder a este *revolutum*
de imágenes preñadas en tu ausencia.
Es difícil contemplar la estela radiante,
espinoso empapar tantas lágrimas,
arduo contravenir las leyes de Saturno.

¿Cuándo ascenderé a ti
envuelta en cristales,

perforada por tus radiantes aristas,
acurrucada en tu corazón severo,
pespunteada de un nuevo amanecer?
¿Cuándo descenderé a la orilla del olvido,
a los pliegos enajenados de la luna,
a ese misterio incomprensible que me lleva a ti?

Las almas reaccionan atropelladas
ante las costuras del precipicio,
reaccionan insinuantes ante lo inverosímil,
ante el estucado de lo trascendental,
ante las fórmulas irreverentes del solsticio,
ante una llamada rodeada de flecos multicolores.

Por eso te busco:
para obtener, al fin, la paz que me equilibra,
el equilibrio que me tambalea,
el tambaleo que me adormece,
el sueño que me reverbera,
la reverberación que me sostiene.

Es locura insana
negar tu existencia,
sentir que más allá de tu retina,
solo existe la nada,
que más allá de tu retina
solo existe el desafío.
Es indigno protegerme
de este macabro juego de la vida
con la esperanza
de que alguien resucite
tantos desafíos inciertos.
No puedes pretender
tensar más la órbita de los sueños,

las estacas del arroyo,
las rosas del jardín de Euterpe.

Hay que aceptar que todo fluye,
que todo es pasajero y caduco,
que un devenir incierto nos acecha,
que no hay más lenguaje de las flores
que el que emiten las ávidas gardenias,
las amapolas amargas,
las castigadas violetas.

V TURBATIO
(Desasosiego)

UN espasmo inquietante me atraviesa.
No sé por qué razón me exalta.
Era lo previsible, lo acatable.
Mil luciérnagas
lo avisaron con sus destellos.
Era lo esperado, sin embargo,
yo rezumo dolor por los mismos pliegues
por los que te perdí aquella tarde
cenicienta y triste,
que diría el poeta.
Una embajada de símiles obtusos
empezó a coronar la cúspide del tiempo.
Se quedó atrapada en mi sien
y empezó a revolotear
con ansias en amores inflamada.

Recreo tu apariencia
en los misterios de la noche,
en las cuevas infernales.
Un aullido desmedido
me habla de ti,
pero no logro alcanzar
su ritmo cadencioso
para encontrarte.
El cansancio me vacía y me alimenta
al mismo tiempo,
filtrando el elixir que me devora,
escanciando los humos más asideros,
embargándome en esa extraña sonrisa
que apenas se deja undular entre mis labios.

VI SILENTIUM
(Silencio)

PLÁCIDO camino
el que se enreda en el paisaje febril,
pero emana paz y quietud.
Encuentra un soliloquio
que le hace feliz,
que le conduce a los ancestros del placer
y, poco a poco, le redime
de toda aflicción pasada.
No pueden los monstruos
atravesar la barrera del desvarío
ni pueden encender la hoguera de la discordia.
Eres fuerte,
posees esa robustez
que te hace invisible
ante la estupidez humana.
Son esos días de canto ondulado
que te amarran y te encumbran,
que consigues colgarte alguna nueva medalla,
con inteligencia añadida,
a los paseos de la herida del tiempo.
Una sublime galería de deleitosos romances
te aguardan en los versos del poeta,
y engalanan tus mejillas
de ese matiz altanero
que te invita a vivir.
En esos instantes,
no recuerdo el sino
de mi búsqueda,
no añoro ni tu imagen ni tu sombra,
me alzo sola y exclusiva

como bailarina extraviada
por los campos del Edén.

Daría todos mis relojes
de niña enamorada,
de pez sin escamas rubicundas,
de risas sublimes al amanecer,
para no ahogarme en tus recuerdos
y cesar la búsqueda insensata de tu imagen.
Un mundo excelso
se abre ante mi rostro,
una nueva vereda sin rastrojos
me permite pisar con holgura,
una exquisita sintonía
llena mis alforjas del
pan por consumir.

Y quedan en la balanza del viento
sintonías de velos trasparentes
mientras yo te busco.

VII RENUNTIATIO
(Renuncia)

*R*ENUNCIO a mis pompas y a mis obras,
a seguir engrosando la lista de las vanidades,
a diluirme por los filtros infiltrados del amor,
a esculpir nuevos desvelos a tu lado,
a defender cualquier resquicio de palabra rota,
a dorar la pátina del tiempo,
a huir por la línea del viento.
Renuncio a desvelar tu nombre,
a desmembrar tus mentiras,
a exhibir tus torpezas,
a demoler tus embustes,
a escarbar en las heridas,
a atenuar ciertos gozos
para llegar a ti,
a tu vano más recóndito.

No habrá miradas insensatas
mientras atisbo tanto atrevimiento.
Quedará todo diluido
al enredo de mi magia,
a la gallardía de tu imagen,
a la luz de los reflejos.
Será una prueba inaudita
y extravagante,
será un desafío al mundo engalanado
que espera
que algún día
lo redima con la sentencia de tus versos.
Fuerza y pasión,
honor y gloria,

atrevimiento y osadía,
súplica y desdén,
conjuros y sortilegios,
juegos y traiciones,
desdenes y despegos,
dibujos y bocetos,
calumnias y disputas,
enredos y lazadas,
cruces y paralelas.
Será el acto de generosidad
más intrigante,
haberme diluido
entre la soporífera fauna humana
para encontrarte,
para encontrarme envuelta en ti también.

La clausura más redimida y esperanzadora,
pero la más cáustica
al mismo tiempo.
Verter una vida
para encontrar otra.
Retroceder a la pátina de colores propios
para pintar amaneceres ajenos.

Hoy renuncio,
desde el oprobio no buscado,
desde el maremágnum de la reliquia,
recitando nuevas jaculatorias,
orando, con primitiva emoción,
al canto del cisne agasajado
por un amanecer no descubierto aún.

VIII ARROGANTIA
(Arrogancia)

Y TODAVÍA queda espacio
para la arrogancia,
para la altivez,
para la soberbia
y para la jactancia
de traducir al mundo
un deseo insatisfecho.

¿Existirá una hecatombe superior
a la venganza complacida de una búsqueda?
¿Existirá un alma perdida en las tinieblas
que cobre más preponderancia
que un sutil hilo
cuajado de lágrimas adversas?
¿Existirá una tragedia mayor
que los frunces recurrentes
de un atávico amanecer?
No, no hay hebras
que cosan con más rapidez
la mordaza del deseo.
No hay escándalos sutiles
de armas amenazantes
que rocen con más intensidad
la herida del despecho.
No, no hay muertes más extasiadas
que fracturen,
con tanta incisión,
el corazón exhausto
de una amante milenaria.

En el cautivo recelo,
en el fatuo disimulo,
en el pomposo desafío,
en la red enmarañada de fisuras,
en el espacio infinitamente cortado,
en la rugosidad del pétalo,
en la luz divina de lo creado,
allí estaré, fiel a la cita,
para encontrarte.

Solo desde el éxtasis de la mirada redimida
y del sangriento rencor
que fluye, silencioso, por las venas del candor,
podría acceder a los secretos
de la tumba oscura del ensueño,
de la ilusión,
de la fantasía,
para tomar la curva perfecta
del equilibrio perfecto,
de la rondalla nocturna
de este baile enmascarado
que solo oculta
el perfil redimido
de tu acosada persona
entre las redes de mi agotada búsqueda.

IX VANITAS
(Vanidad)

LA locura vestida de encaje
nos puede acercar
al ritmo de los bailes encadenados.
La frustración insensata nos acecha.
¿Seremos capaces de despejar
el ovillo de nuestras frustraciones
tocando la dulzaina del placer?
¿Seremos capaces de almidonar nuestros rencores,
paseando por las teclas del *clave sonoro*?
Si con esto bastara,
la frustración quedaría relegada
a un domingo de lluvia,
a una salina corpulenta,
a un aroma asiático,
y yo habría dejado de buscarte
por cualquier esquina del espacio.

Es duro cargar con el yugo oxidado,
con las mancuernas poco hinchadas,
con los globos disecados,
con anillos dieciochescos,
con tu colérica sombra.
He tejido un haz
de mil palabras engarzadas
que me ayuden a encontrarte.
Es necesario que así sea para poder
rendir homenaje a la estulticia,
para descansar ya, plácidamente,
en los requiebros del amor.

Pero no consigo aún
encontrar tu sombra perecedera
ni tu aroma varonil
ni tus juegos infantiles
que adornaban las tardes de estío.
¿De dónde sacaré fuerzas
para continuar esta búsqueda frustrada,
para no chocar con el muro de piedra
que golpea mi frente cada mañana,
para no solapar tu mirada huidiza
con lágrimas groseras,
para no rendirme en este baile macabro
que oprime mis entrañas?

Debo suponer
que habrá un final para el viaje
y podré descansar amablemente,
que aquellas sierpes indignas
dejarán de perseguirme,
que nuevas trompetas
aplaudirán mi hazaña,
que nuevos oboes
repicarán tu nombre,
que otros agasajos
coronarán mi frente,
que tanta sangre derramada
no será en vano,
que una nueva melodía lo acallará todo.

X DOLOR
(Dolor)

NO hay dolor más agudo
que la piel que se adormece a media tarde.
No hay dolor más harapiento
que tu pupila hundida en mi regazo.
No hay dolor más infértil
que tu memoria desterrada en el abismo.

Mil giros de búsqueda me avalan,
me persiguen, me arrastran a tu vera
mientras quieres esconderte
en ese vergel tupido
que tu canto fúnebre descubre.
La orgullosa melisa iza su bandera
al contemplar esta sórdida búsqueda
que me aqueja, me envilece, me aterra,
sin encontrar apenas huellas de tu nombre.

Tensar el circuito de Ezis es arrogante y fantasioso,
pero necesito contemplar alguna sombra amable
para seguir viviendo,
para seguir negándome a mí misma,
para seguir ocultando la verdad de mis quejidos,
para sofocar este sueño que me asfixia
en aras de un silencio perpetuo.

XI VISUS
(Mirada)

EL deseo de una mirada insatisfecha
volcada en la ansiedad rotunda,
el deseo incierto de volver a encontrarte
para ahuyentar mis penas desmedidas.
El deseo, más fuerte que el amor al aire,
más endeble que la ortiga que hiere,
más huidizo que el embeleso del amanecer,
más cadente que las arterias rotas,
más excelso que la misma nimiedad.
La mirada mágica
que me transporta a tu seno,
la mirada quebradiza que me ruge en la pupila,
la mirada pordiosera que se desvanece
entre un haz de amables paraísos.

Mirar, verte
cerca de mis murmullos,
cerca de mi luz agotadora,
cerca de mis atrevidos océanos
que lanzan una queja aterida,
que deshollinan la negrura del mal,
que me taladran en fantasiosas posesiones
para acercarme a tu arrullo,
a tu furor encendido,
al descalabro de la vida
por no tenerte amarrado a mis entrañas.

Qué delicia la serpiente escurridiza
que mira airosa
la elevada cumbre

para ver rodar en eterna espera
almas cargadas de rocío,
que, al igual que yo,
sucumben a la tentación de la huida
hacia no sé qué filo del amanecer.

Ciegas quedan las entrañas
al alba carcomido,
a la llamada campanera de la homilía
por no provocar la ceguera absoluta
ante tu irremediable desaparición.

XII ATRACTIO
(Atracción)

CÓMO me atrae la marina salada,
     las cejas cautivas,
     los alaridos exasperantes,
el estruendo a media tarde,
tu inmensidad irreverente.

Recuerdo los paseos cíclicos
alrededor de la luna,
enredando nuestros cuerpos,
la agitación embriagadora
deshaciendo el infierno,
el viento que nos devolvía la locura
para volver a jugar
en el paredón del miedo.

Todo me atrae de ti,
de tu amor a la vida,
a la muerte y a la nada,
a la poesía, a la esperanza…
Contemplo esta mañana el mundo
y me vacío de mí misma,
justo a las puertas del infierno,
en donde se apagan las estrellas,
y el silencio corta los pensamientos
en partes simétricas e irreconciliables,
pero llenas de ti,
de tu aroma y tu fragancia,
de tus caricias y de tus fulgores,
de tus insinuantes miradas
y de tu eterno siseo.

Te quiero inmensamente.
Déjame que lo piense,
que lo sienta y que lo exponga
en la puerta de mi alma,
en un cartel que anuncie tu nombre,
escrito con letras de rubí.
Me atraes porque te adivino
en el misterio de las estrellas,
ejerciendo de Dios sobre el Universo.

Me atraes en tu efímera eternidad
de soles otoñales,
de hojas que se agitan ante
el misterio del amor,
porque rezas en silencio.
Me atraes por la soberanía de tu risa,
por la dulzura de tus labios encendidos,
por tu talle firme que engendra serenidad
de árboles frondosos en las riberas de mi sinvivir.
Me atrae tu cintura que rodea el deseo
coronado por la hermosura de su esencia.
Tu cintura, sede de mis sueños
cuando navego por las estrías
encrespadas de tu piel,
cuando navego por tu entorno rutilante.

XIII TRADITIO
(Entrega)

DESGAJADA de mil dones
puestos a tu servicio inherente.
Entregada a la causa más incierta
que la razón humana pensara,
transito por las nubes pasajeras
de esa tarde otoñal
donde la alegría y la perversidad
adornaban mi corona de sirviente retadora.

Seguí tus huellas, tu alcanfor,
tu mano de difunto perversa,
tu aliento de héroe a media jornada,
tu resplandor indeciso e indolente,
solo para acariciar este triste peregrinaje
que me lleva a ti.

Entrega sumisa y adormecida
en la maraña de tu ondulado cabello,
en la purificada monotonía del paisaje.
Dolor sin mesura ni rendijas,
sonrisa de prismas convergentes.
Todo dispuesto para encontrarte
en esa senda encandilada de tu mirada
que nunca converge con la luz
de tu señuelo azul.

XIV SPES
(Esperanza)

CON la creencia mayestática de divisarte
en el camino hacia lo etéreo.
Con el anhelo de ascender,
envuelta en polen verdeado,
fui tramando una urdimbre de pasiones sumisas
para llegar a ti más fácilmente,
sin otro compromiso que la melena recogida,
sin otro compromiso que tu palabra encendida,
sin otro compromiso que la autoría de tus sueños.

Un anhelo repetido, por duplicado,
se paseaba irreverente en el cabildo de mi mente,
sin poder alejar tu sombra alargada
más allá de unas pulgadas de mi pecho.

Dormir para morir, para no verme envuelta
en esa idiosincrasia siniestra de palabras
que me gritan, que me confunden,
que quieren alejarme de tu presencia inédita
para no confundir la razón y la verdad.
¡Qué inhóspita pasión me seduce
en esta moratoria de tu imagen!
¡Qué concurrido rencor de graznidos enojosos
volcaron las alas de mis sueños
y ciñeron una espada concubina
alrededor de mi sien!

Te esperé, te supliqué,
te pedí un relicario con tus caras.

Te robé alguna crisálida ensordecida,
te reté a un encuentro fortuito,
Pero la excelsa madreselva
se reía con estrépito
al contemplar la necedad de mi alma.

XV METUS
(Temor)

QUÉ insignia exagerada
temer el más leve roce de tu aliento.
Y, sin embargo, cuánto hubiera deseado
alcanzar esa embriaguez acusadora,
cómplice, adyacente, paralela,
para llegar a tus caricias en los primeros albores.
Temía tu desdén y altivez involucrada,
tus desprecios, tus desaires,
tu ironía e indiferencia.
Por eso recogí mis enseres
entre el fino rayo de la escarcha
y me fui alejando sigilosa
con un ramillete de recelos carcomidos,
de andares escabrosos,
de dulzainas casi ciegas.

Lloré pausadamente,
coleccionando cada lágrima opaca que caía,
y alerté a todos los espectros de la noche
para que colapsaran mi refugio,
carcomido de pesares, de venenos,
de pétalos ya secos por la espera.

XVI VIGILIAE
(Desvelo)

NO puedo huir de esta soga,
que me amarra los recuerdos,
sin que tú lo sepas.
Una noche más,
desvelada
porque no te hallo.
Desvelada en esta tarde de silencio
que me inclina a la muerte.
Desvelada, si tus manos
no trepan por mis poros
para alcanzar la esperanza
puesta en esta búsqueda infructuosa.

Quiero asomarme a tu paisaje,
sin que nadie lo sepa,
viajar sin billete
siguiendo tu itinerario de huida,
viajar a tu lado, sin espantos ni remordimientos,
viajar en tus ojos,
agarrada al pensamiento de tu risa.
Nada importa.
Casi nada importa
mientras las estrellas
no se descuelguen del firmamento,
y los pájaros no enloquezcan,
mientras tu rumor habite en mi memoria
y te sienta, aquí, en el centro de mi jardín,
presidiendo las Horas.

Sacaré mi colección de recuerdos
y los pondré junto a la ventana.
A tragos me beberé el silencio,
a tragos, hasta la madrugada,
hasta que vengan a por mí los hados
y me recojan,
ebria, enajenada de esta vida que me asfixia
y me mata lentamente.
No tengo prisa, ni agobio,
no mascullo cálices ajados,
no disiento de la rama inerte,
no acribillo la verde zarza,
no rasgo la cortina del deseo.

Tan solo estoy expectante
en el quicio de la vida,
por si algún día, en el horizonte de la noche,
apareces diletante,
–mitad fantasma, mitad hombre–
para alistarte en mi irrefrenable deseo
y cambiar esta áspera mirada
por tu plegable presencia.

XVII DELUSIO
(Engaño)

E N los arroyos de Anubis,
despejados del infierno,
qué maravilla contemplar la suavidad de tu cuerpo,
–esmalte oriundo de islas perladas–
en ese matutino despertar
de las flores tardías.
Quiero escapar de la trampa,
sumirme en la redención de Qadesh,
para reír abiertamente
a la vida suplicante.

Bailes arrulladores alrededor de tu garganta
me transmiten el desasosiego de la vida.
La campanilla del recreo
de una clase sombría y oscura,
como es la atormentada existencia,
redime en mi seno
octavas paralelas de signos cautivos,
revoltosos, subyugantes, laudatorios,
que me invitan a acceder
al paseo febril de mi torpe entendimiento.
Un haz de tímidos rayos
surca mi frente arrugada
para recordarme la saeta vencedora del murmullo,
la que me empuja a vivificar la existencia,
a pesar de todos los males,
a surcar el delirio indecente
y acorralarlo,
antes que la tiara dorada
nos condene por las malas obras.

Vuelvo a la luz y a la esperanza,
al momento álgido de seguir flotando,
de expandir la nave del recuerdo
y perderme en los pulgares de tu voz de amianto.
La ilusión subyugante de la magia
que hace desaparecer cualquier recuerdo indecoroso,
la ilusión sublime de aquellos Reyes
que dejaban las cuentas del placer aparcado
tras los costados del balcón,
vuelven ahora, recién estrenados, a mí,
para rendir homenaje
a tanto juguete disipado.
Percepción tergiversada de la realidad
que me acerca a las entrañas de la dicha,
quizá para dejarme después
en medio del trastero caótico
o del grito desolador
de quien bien sabe el precio de una cantinela.

XVIII TRISTITIA
(Tristeza)

CUÁNTO litigio a mis espaldas,
cuántas noches de dulces caramelos,
cuánto encaje bordado solo con los dedos,
cuántos anillos fruncidos al marfil,
cuántas trasparencias banales y rústicas,
cuánto mediodía sediento,
cuánta espiral cargada de dislates,
cuánto ostracismo replegado,
cuánta esfinge fingiendo tu retraso
mientras yo
te sigo
buscando.

El tictac del reloj se expande,
la intrépida dulzura se rinde,
la casulla violácea se oscurece,
el odio desmedido se repliega,
mis rezos, una y mil veces más, se ofuscan,
el ave cantora se apaga,
el bulbo se raja sin remedio,
colores que estremecen se edulcoran,
corolarios pertrechados se licencian
y, en medio de la ola, tu ritmo cadencioso
me enaltece.

Solo me queda la quietud
de saber que existes
en el misterio de la noche redimida,
en el vacío del viejo abedul,

en la línea disfrazada del viento,
en los cráteres tenues de la luna,
en las esquinas del espejo roto,
en la estrecha visera del camino,
en la espiga dolorida de fisuras,
en el cuarto lóbrego del silencio,
en aquel paisaje berbiquí que yo inventé
para buscarte eternamente
y poder enfrentarme, así,
a la imagen más agreste de mí misma.

Queda un sendero barroso
por donde el canto del poeta fluye,
por donde asisten a jilgueros desmayados,
por donde alguna sirena se pierde,
por donde la voz se ahoga entre azucenas,
por donde un eco herido,
sin fin, es testigo de tanto desconsuelo.
Torpezas amontonadas en el magma
nebuloso de mi mente
se despliegan en acartonados sones
que me invitan a la huida,
que me desdicen del atropello cometido
a golpes de ayes jadeantes,
que me suplican un "ya basta".

La tortura llega a su fin,
a sus escapularios terrestres,
a sus espinas medianeras,
a sus octogonales cuencos,
a sus sutiles palafrenes,
a la medida exacta de la injuria,
al resquemor poderoso de la intriga,
a tus únicos intersticios de color.

Toda rota en la quimera,
fantasmas invencibles me visitan,
espectros amargos me aconsejan
que despierte de este sueño truculento,
que vislumbre el horizonte tardío
y que acepte, al fin,
                              que solo eras un DELIRIO
                              inventado por mis miedos.

Índice

II PARTE
DELIRIUM

El presente libro aparece
con el número 115 de la
Colección Literaria *Ojo
de Pez*, creada en 1988
por José Luis Loarce. Esta
primera edición consta de
mil ejemplares. Pertenece
a la Biblioteca de Autores
Manchegos de la Dipu-
tación de Ciudad Real.